Metodo para
Guitarra Tango

por GUILLERMO MARIGLIANO

Dedicado a mi mujer, mi hija y mis padres

Prefacio..3

Capitulo 1
Patrones Ritmicos Basicos..4

Capitulo 2
Pasages Musicales...8

Capitulo 3
Sustituciones...12

Capitulo 4
Linea de bajo / walking...15

Capitulo 5
Profundizando el Tango...18

Online Access Video: https://www.guillermomarigliano.com/content/

Usuario: tangobook   Contraseña: Content*2023

Prefacio

Este libro ha sido escrito para el guitarrista que quiere aprender a tocar e interpretar en la guitarra, este estilo de música argentina, que en su tradición y desde sus inicios, tiene a la guitarra como instrumento protagonista del género, junto con el bandoneón el piano y el violín.

Este método sirve tanto como para el guitarrista y músico que quiere ejecutar el estilo de manera solista, como para aquel que quiere aprender como acompañar con la guitarra el canto.

Es necesario que el guitarrista tenga conocimientos básicos de música escrita: notación rítmica, time signatures, escalas básicas, acordes de barra y tablatura.

Lo que el estudiante encontrara en el contenido de este libro, es una guía para aprender desde los ritmos básicos hasta los mas complejos, a través de las distintas variantes rítmicas y formas armónicas características que tiene el Tango como estilo.

Además de las progresiones y ritmo, encontrara el vocabulario de adornos musicales melódicos, sustituciones, introducciones, frases de enlace, frases de final, que le llevaran a poder aprender el estilo y desarrollar un vocabulario propio.

Para poder integrar estos conocimientos y comenzar a dominar el estilo, es necesario y muy importante (como para cualquier estilo de música que se quiera aprender) aprender composiciones clásicas del género, donde pueda volcar estos ejemplos. Personalmente recomiendo escuchar las grabaciones de Carlos Gardel, el cuarteto de Aníbal Troilo, El quinteto Real, La orquesta de Osvaldo Pugliese y el quinteto de Astor Piazzolla .

Es mi deseo con este libro, contribuir al arte, la música y la enseñanza, y ayudar a todo aquel guitarrista que quiera sumergirse en la interpretación del Tango como una forma más de expresión dentro del arte y la música.

Buena suerte con el aprendizaje, la práctica y la ejecución

Sinceramente,

Guillermo Marigliano.

Acerca del autor

Guillermo Marigliano, Guitarrista, compositor y productor, ha estado enseñando en universidades y organizaciones musicales durante más de 25 años.

Luego de recibir su Licenciatura en Guitarra Profesional, y su Licenciatura en Arreglos y Composición de Jazz, continúa perfeccionando sus conocimientos como músico con su mentor Francisco Rivero.

Su carrera profesional comenzó en Argentina, y luego de seis álbumes lanzados con composiciones originales, bandas sonoras de películas y tres libros didácticos publicados, ahora continúa su carrera radicado en Los Ángeles, California desde 2021.

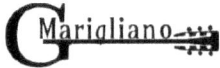

CAPITULO 1
RITMO/ACOMPAÑAMIENTO MANO DERECHA

1) PATRON BASICO

EL TANGO ESTA ESCRITO EN SU GRAN MAYORIA EN 4/4, O SEA 4 NEGRAS POR COMPAS. EL PRIMER PATRON RITMICO QUE DEBEMOS DOMINAR ES EL LLAMADO "MARCATO", CON LA MANO DERECHA TOCAMOS LAS CUATRO NEGRAS CON LA MISMA DINAMICA EN CADA TIEMPO, ATACANDO LAS CUERDAS HACIA ABAJO, Y HACIENDO AL MISMO TIEMPO UN PALM MUTE PARA QUE EL ACORDE NO QUEDE SONANDO, O SEA BIEN MARCATO.

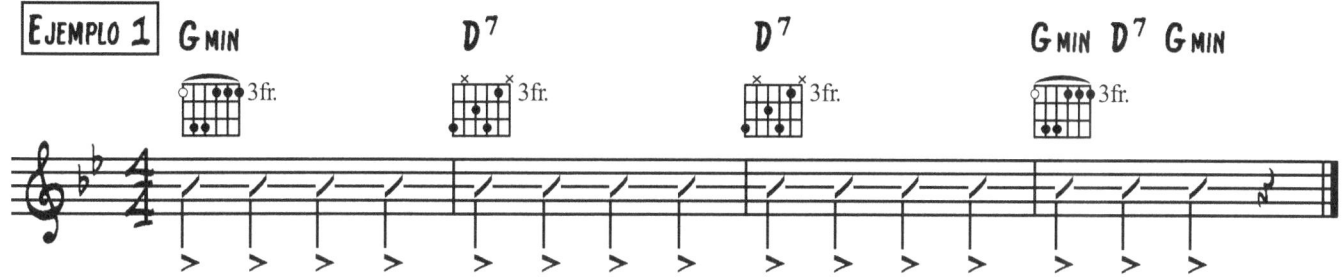

"MARCATO EN DOS TIEMPOS", ES LA PRIMER VARIACION QUE PODEMOS HACER DEL MARCATO, SEGUIMOS ATACANDO CON LA MANO DERECHA LOS 4 TIEMPOS DEL COMPAS, PERO SOLO HACEMOS SONAR EL ACORDE EN LOS TIEMPOS 1 Y 3, MIENTRAS QUE EN 2 Y 4 MUTEAMOS LAS CUERDAS LEVANTANDO NUESTRA MANO IZQUIERDA QUE ES LA QUE ESTA HACEINDO EL ACORDE.

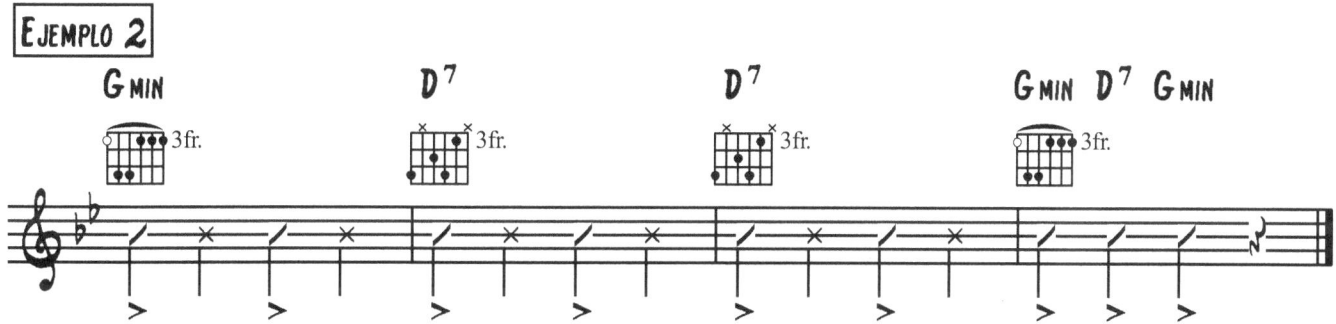

EN EL SIGUIENTE EJEMPLO TRATAREMOS DE INCORPORAR EL RIMTO MARCATO Y SU VARIACION, SOBRE UNA MELODIA

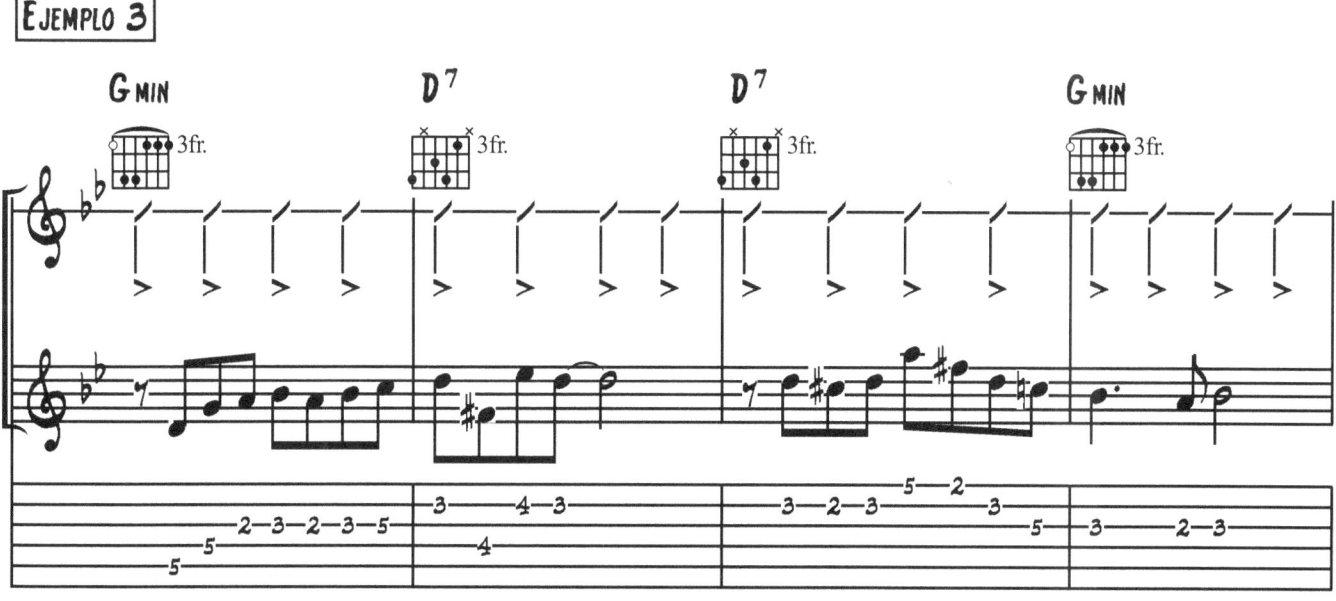

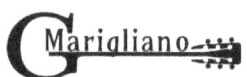

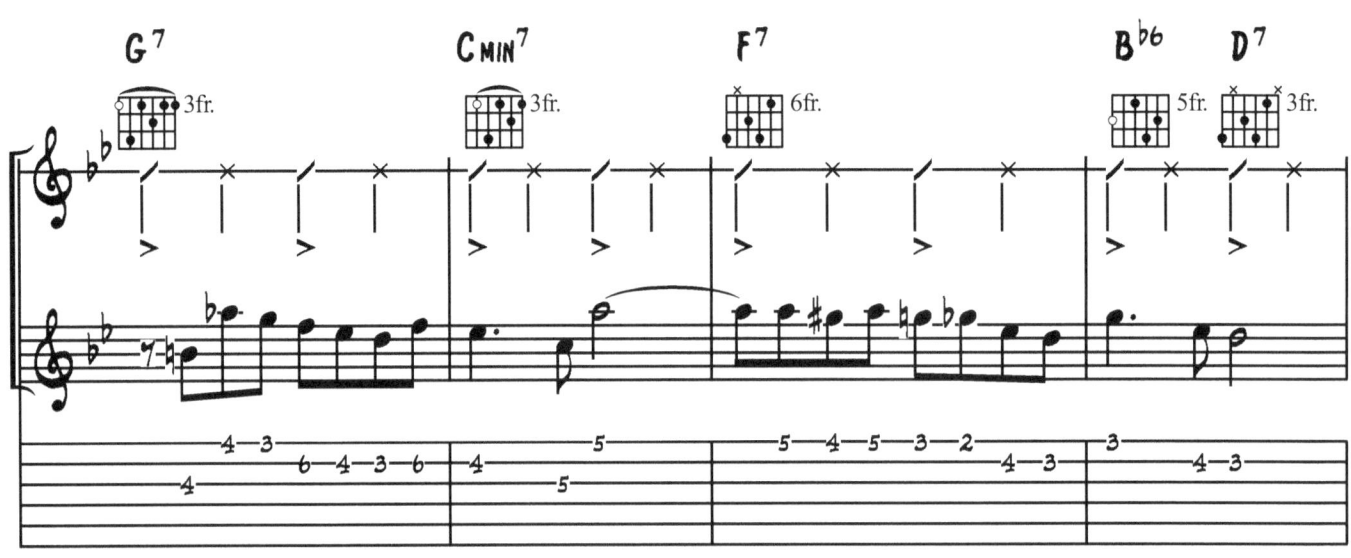

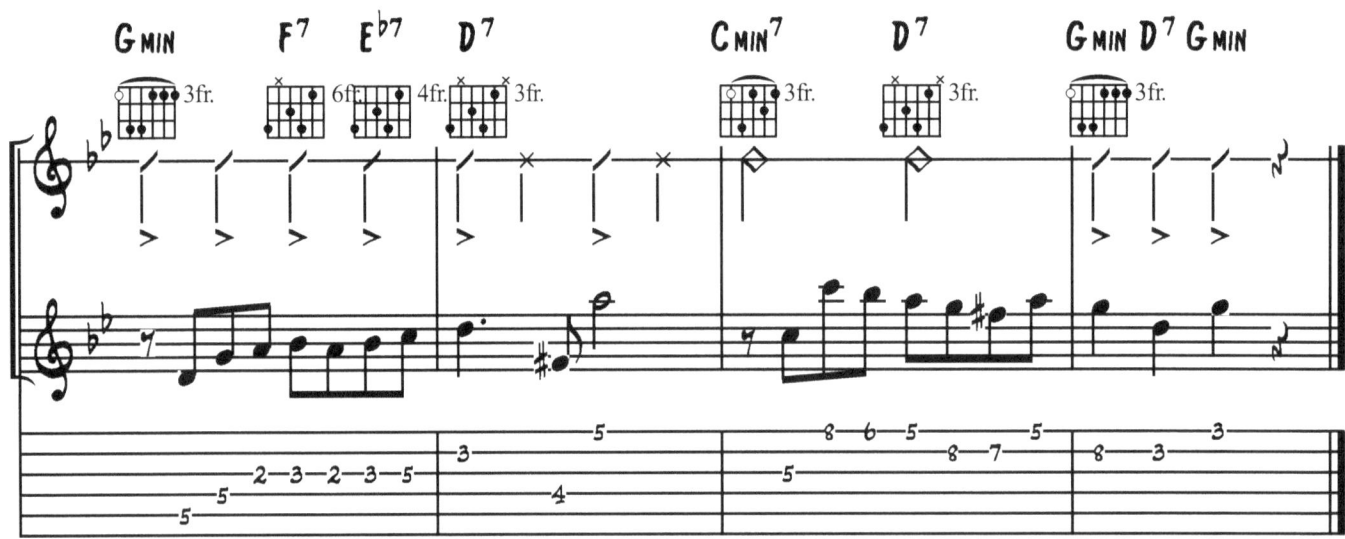

"Marcato en dos tiempos con linea de bajo" es similar al marcato en dos tiempos, maracmos los cuatro tiempos de negra, tocando el acorde solo en los tiempos 1 y 3, pero en lugar de mutear los tiempos 2 y 4, lo que hacemos es (siempre tocando con la mano derecha hacia abajo) tratamos de acentuar mas la 5ta y 6ta cuerda, dando la sensacion como de una nota grave de bajo.

Ejemplo 4

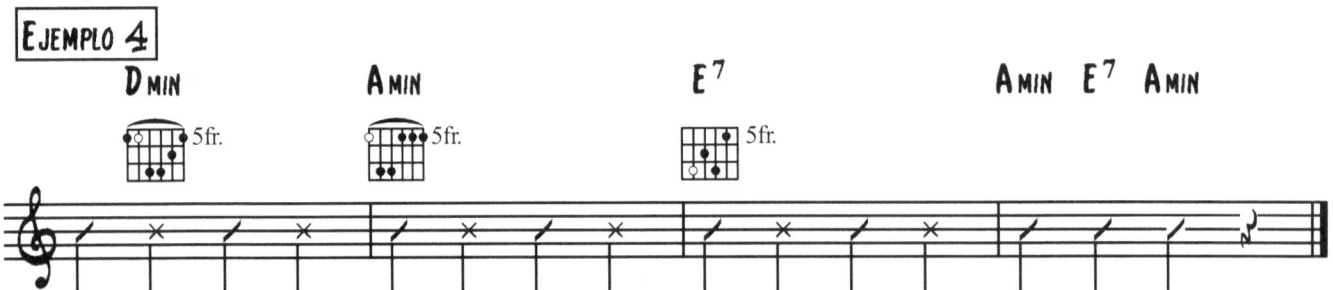

"EL ARRASTRE", ELEMENTO RITMICO FUNDAMENTAL DENTRO DEL TANGO, LE DA EL FEELING CARACTERISTICO A ESTA MUSICA. EN EL CUARTO TIEMPO DEL COMPAS, LO QUE VAMOS A HACER ES UN ARRASTRE CON LA MANO IZQUIERDA A TRAVES DEL DIAPASON MUTEANDO LAS CUERDAS PERO CON LA FORMA DEL ACORDE QUE TOCAREMOS EN EL TIEMPO UNO DEL SIGUIENTE COMPAS.

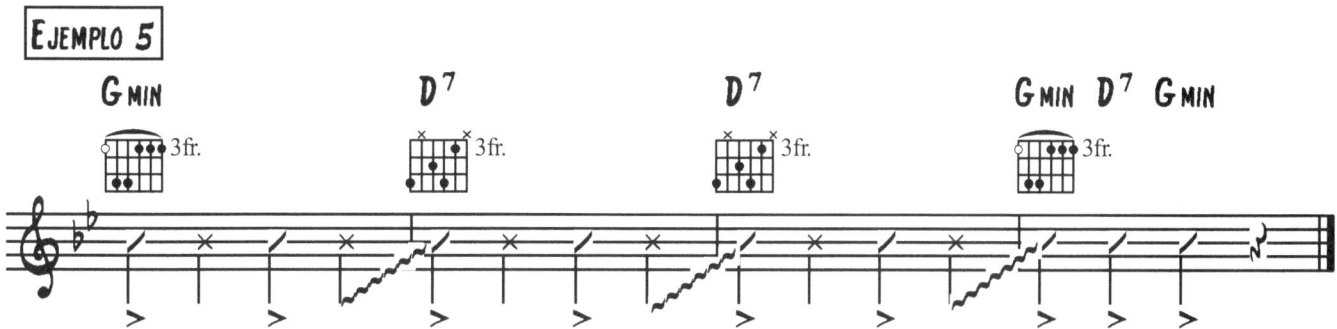

* PRACTIQUE ESTE PATRON RITMICO CON OTRAS PROGRESIONES DE AOCRDES

ACOMPAÑAMIENTO EN DOS: ESTA MANERA DE ACOMPAÑAR SE UTILIZA MUCHO CUANDO TENEMOS DOS ACORDES POR COMPÁS, PARA PASAJES LENTOS, CORTAR UN POCO UNA CANCION EN EL MEDIO PARA GENERAR OTRA DINAMICA, INTRODUCCIONES, Y TAMBIÉN NOS AYUDA A INCORPORAR UNA LÍNEA DE BAJO CREANDO SUSTITUCIONES DE ACORDES.

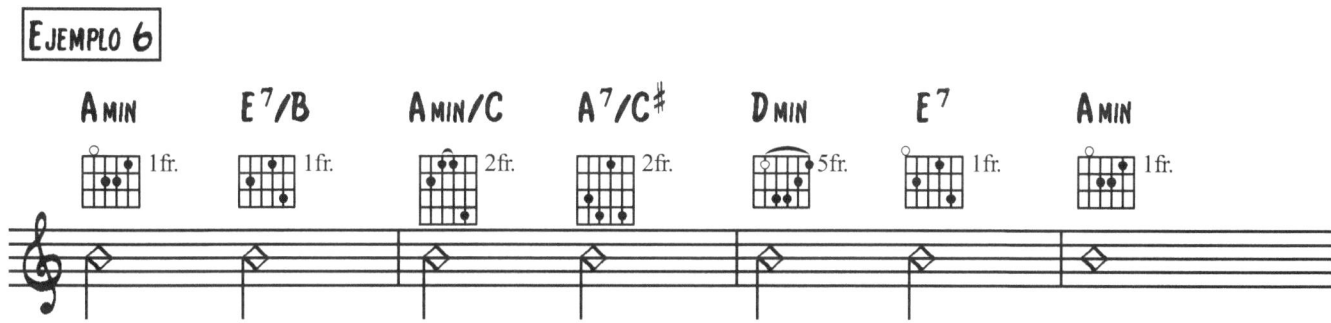

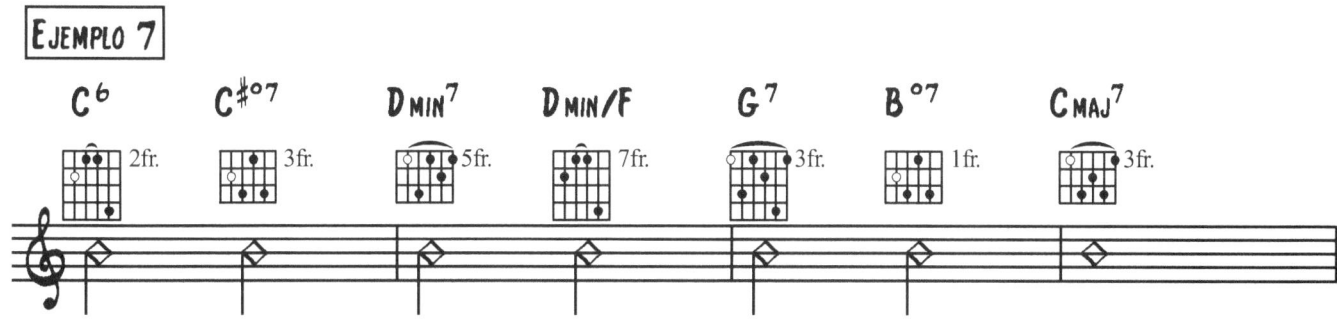

SÍNCOPA: LUEGO DE APRENDER EL ARRASTRE, PODEMOS AGREGAR LO QUE SE CONOCE COMO SÍNCOPA EN EL TANGO Y TOCARLOS JUNTOS; ESTE ES UN SONIDO BIEN CLÁSICO EN LA MAYORÍA DE LA S COMPOSICIONES DE TANGO, ESPECIALMENTE EN LAS PARTES FUERTES DE UNA CANCIÓN. FÍJENSE COMO TOCO LAS CUERDAS MÁS GRAVES SOBRE LAS CORCHEAS Y LAS CUERDAS MÁS AGUDAS SOBRE LAS NEGRAS, COMO SEPARANDO EL ACORDE EN DOS PARTES PARA GENERAR EL EFECTO.

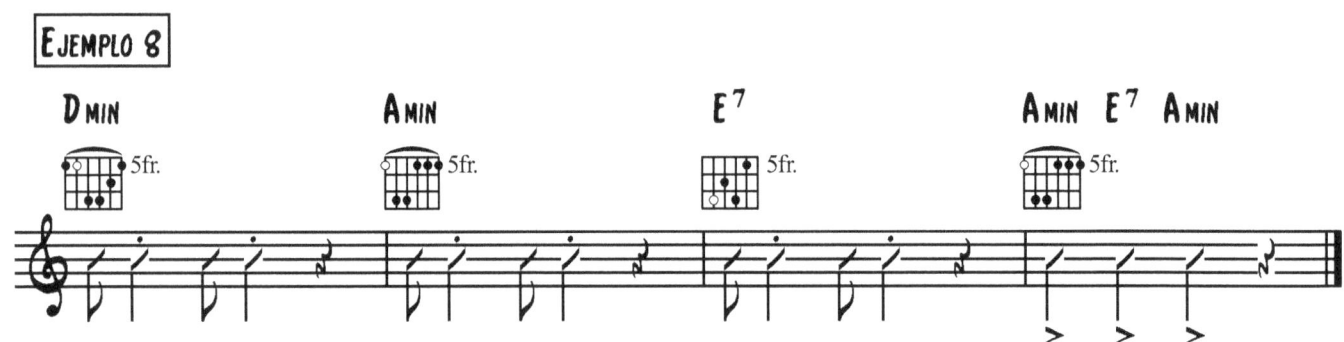

AHORA BIEN, EN EL 99% DE LAS CANCIONES, LA SÍNCOPA COMO UN ARRASTRE, HACIA ARRIBA, MUTEANDO LAS CUERDAS, EN LA ÚLTIMA CORCHEA DEL CUARTO TIEMPO DEL COMPÁS, OBVIAMENTE EN LA MANO IZQUIERDA ESTO LO HAREMOS CON LA FORMA DEL ACORDE DEL COMPÁS SIGUIENTE. AL FINAL DE ESTE EJEMPLO ENCOTRARÁN ALGO DE LO QUE VEREMOS MÁS ADELANTE, UN LÍNEA QUE PUEDE SERVIR PARA CAMBIAR DE SECCIÓN EN LA CANCIÓN O PARA FINAL.

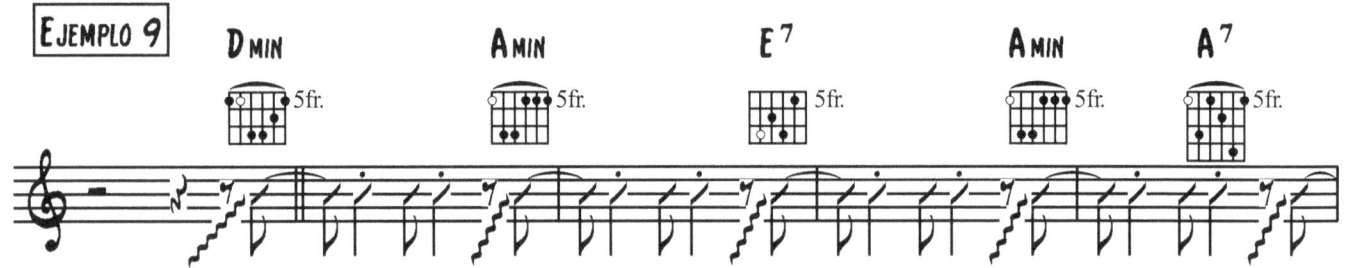

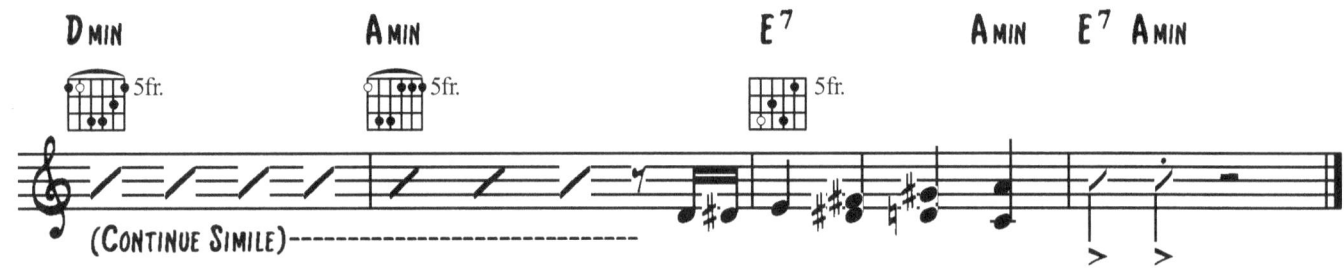

CAPITULO 2

ENLACES, PASAJES MUSICALES

EN ESTE CAPITULO VAMOS A ESTUDIAR AQUELLAS FRASES, LINEAS DE ENLACE QUE SON MUY COMUNES EN EL ESTILO, Y NOS DARAN ESAS

LINEAS MELODICAS CARACTERISTICAS QUE ENCONTRAMOS PRINCIPALMENTE AL FINAL DE UNA CANCION, O A VECES EN LA MITAD PARA

HACER LOS LLAMDOS COMUNMENTE CAMBIOS DE SECCION. ESTE TIPO DE FRASES TAMBIEN LE VAN A SER DE MUCHA AYUDA PARA

CAMBIAR EL TEMPO, HACER UNA PAUSA Y CAMBIAR EL RITMO. EN EL TANGO ES MUY COMUN TENER UNA ESTROFA EN TONO MAYOR Y

LA SECCION DE ESTRIBILLO HACIENDO UNA MODULACION EN TONO MENOR EN LA MISMA TONICA.

Ejemplo 10

PODEMOS USAR LA SIGUIENTE LINEA PARA TERMINAR EN UN ACORDE MAYOR O MENOR, SOLO NECESITAMOS CAMBIAR LA TERCERA EN EL ULTIMO ACORDE.

OTRA VARIACION SERIA TOCAR UNA MELODIA DESCENDENTE UNA OCTAVA ARRIBA, Y POR DEBAJO UNA LINEA ASCENDENTE CON NOTAS DE LA ESCALA, TAMBIEN FUNCIONA PARA RESOLVER A MOYOR Y MENOR CAMBIANDOLE SOLAMENTE LA UTLIMA NOTA SEGUN CORRESPONDA.

Ejemplo 11

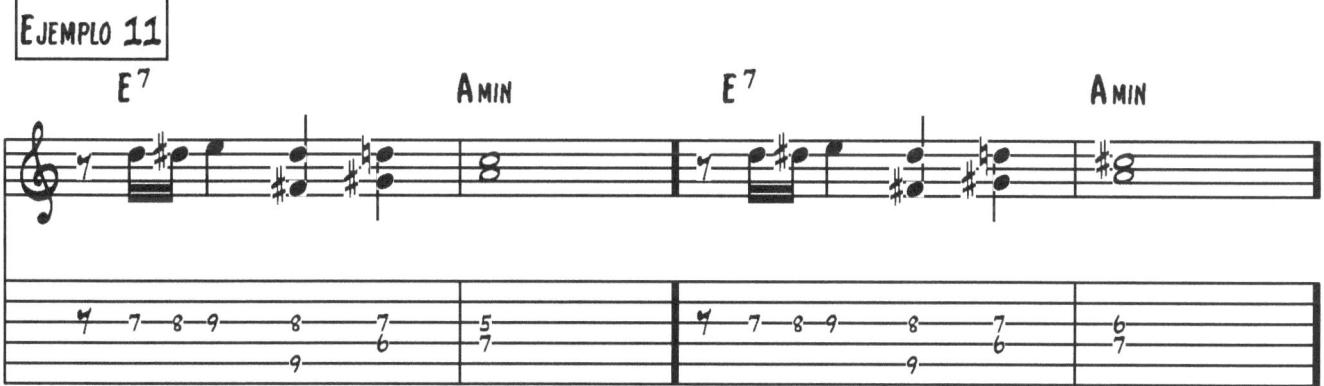

Ejemplo 12   VARIACION RITMICA

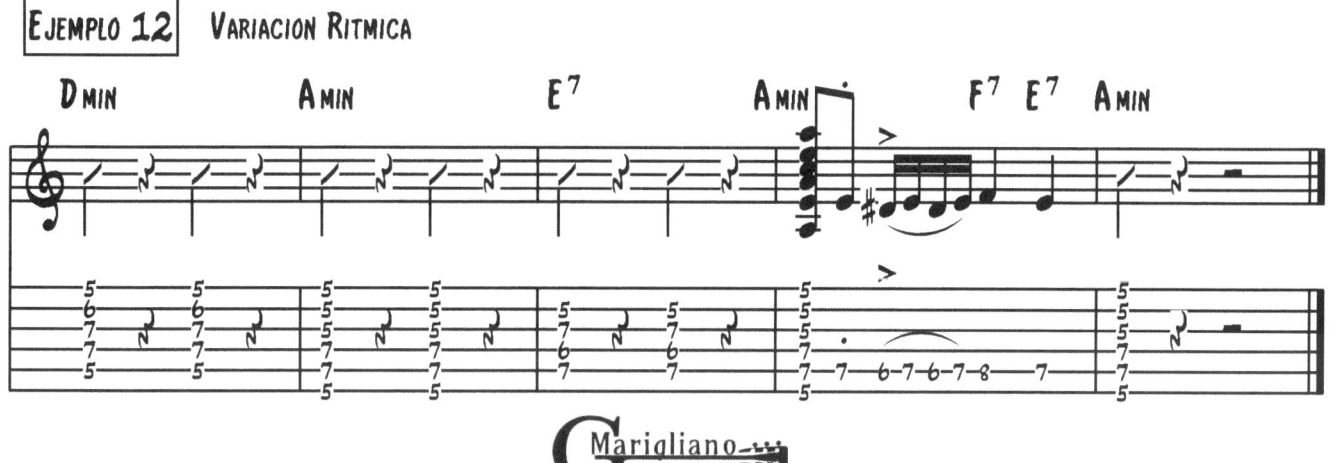

C Marigliano

Ejemplo 13 | VARIACION RITMICA TOCANDO LOS ACORDES EN EL FINAL.

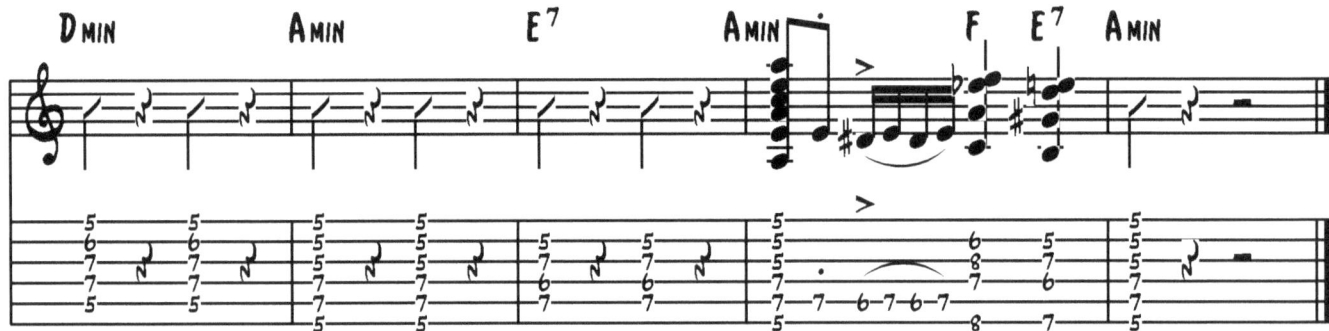

Ejemplo 14 | OTRA VARIACION RITMICA PUEDE SER COMENZANDO EN LA 5TA NOTA DEL ACORDE DE TONICA

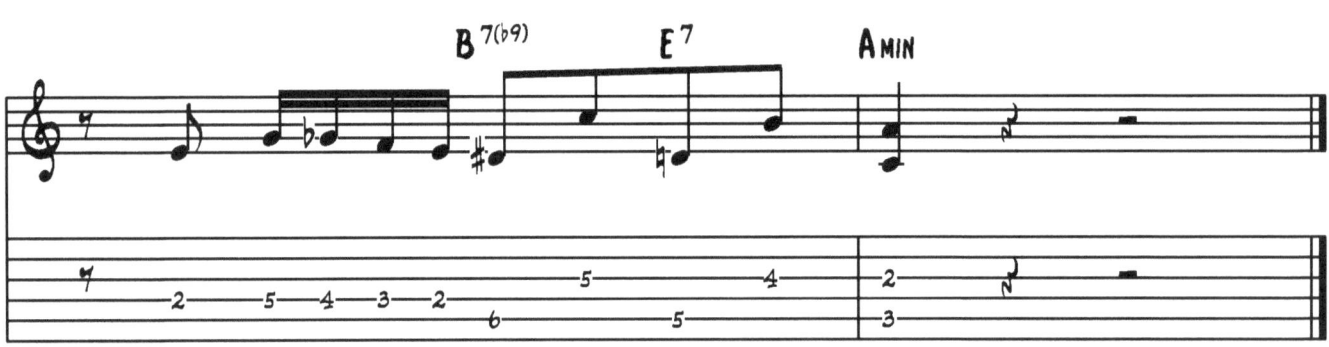

Ejemplo 15 | UNA OCTAVA ARRIBA.

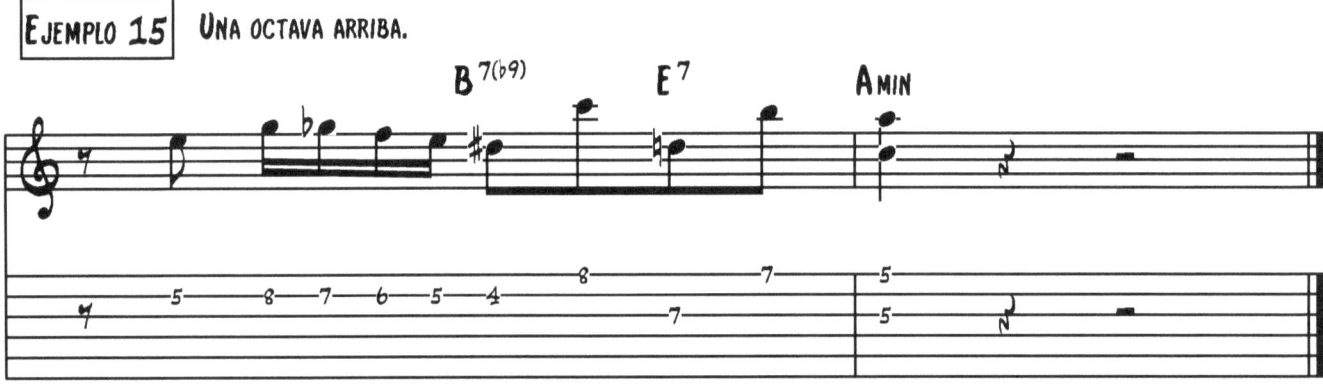

Ejemplo 16 | AGREGANDOLE LOS ACORDES AL FINAL

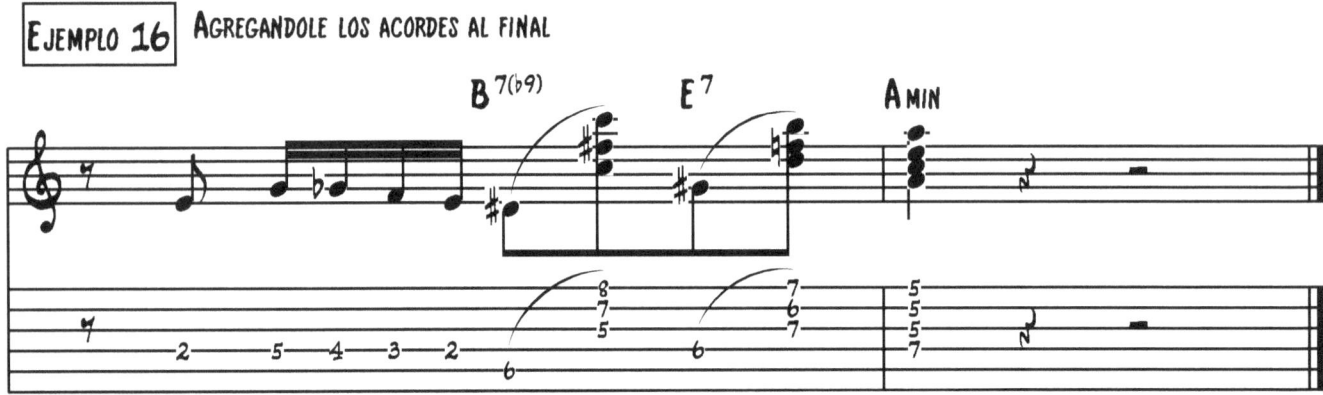

Ejemplo 17 "Octavas"

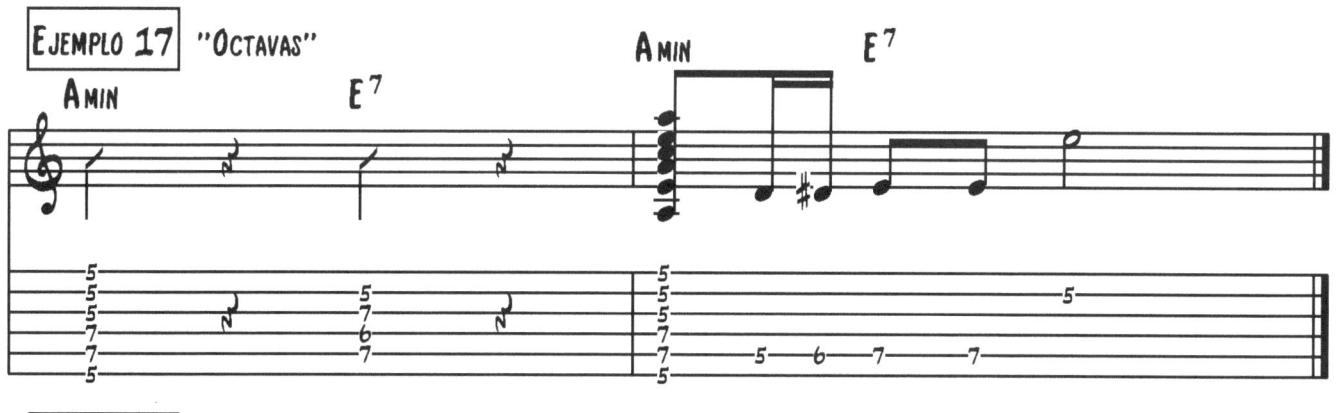

Ejemplo 18

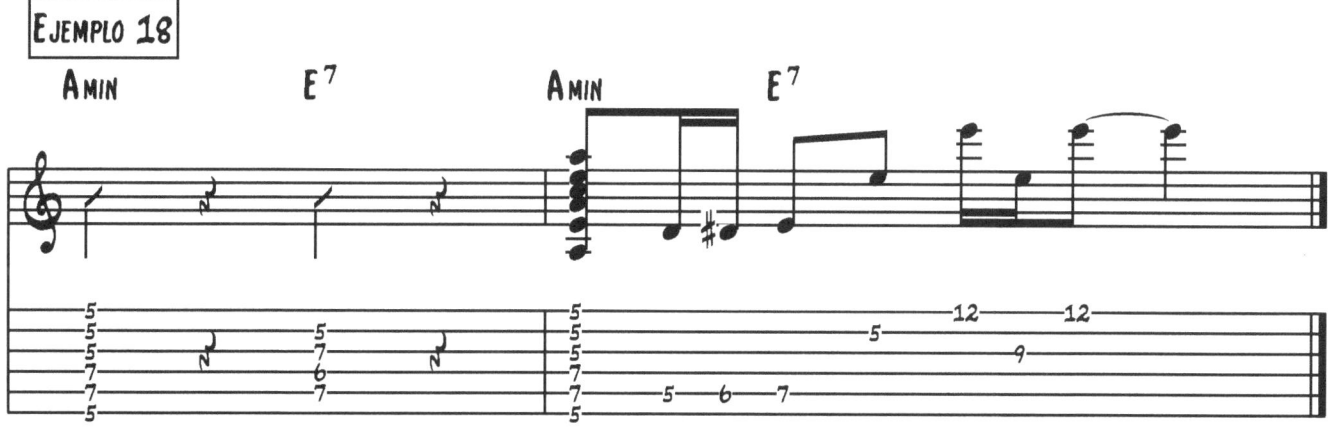

Ejemplo 19 En el siguiente ejemplo, encotrara una progresion de acordes muy comun en la tonalidad de D menor, usando frases de enlace en las cuerdas superiores y el ejemplo 10 transpuesto a esta tonalidad.

CONECTANDO EL I GRADO AL V USANDO ACORDES, TONALIDAD MAYOR Y MENOR, Y FRASES DE ENLACE

Ejemplo 20

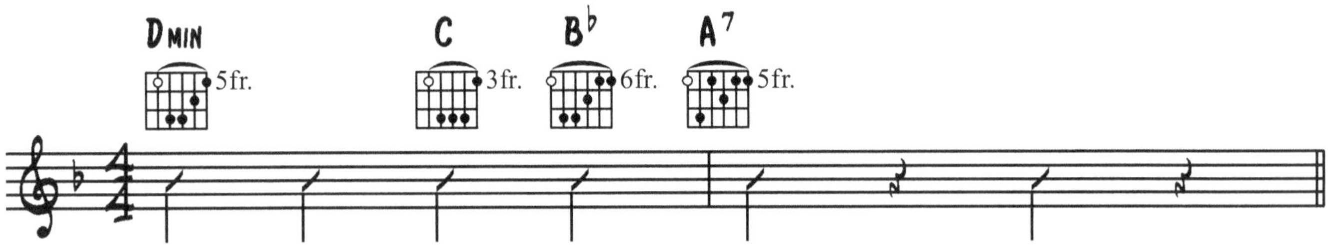

Ejemplo 21

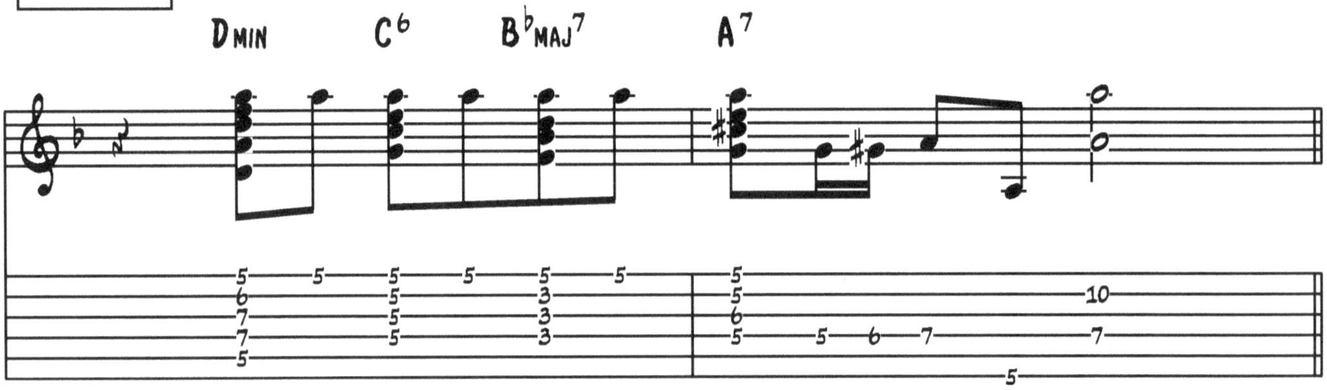

Ejemplo 22

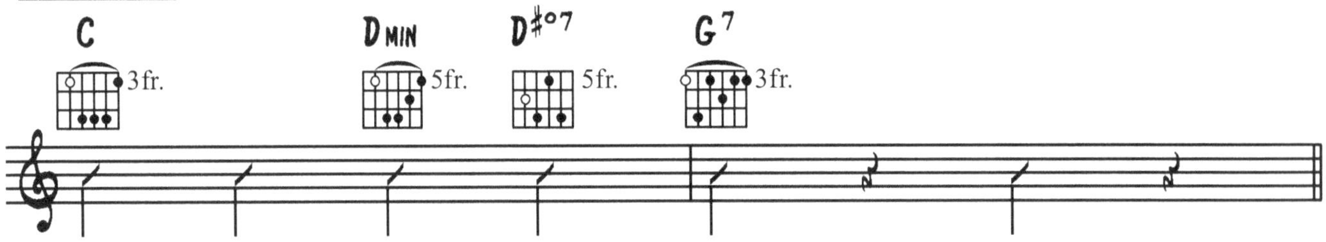

Ejemplo 23

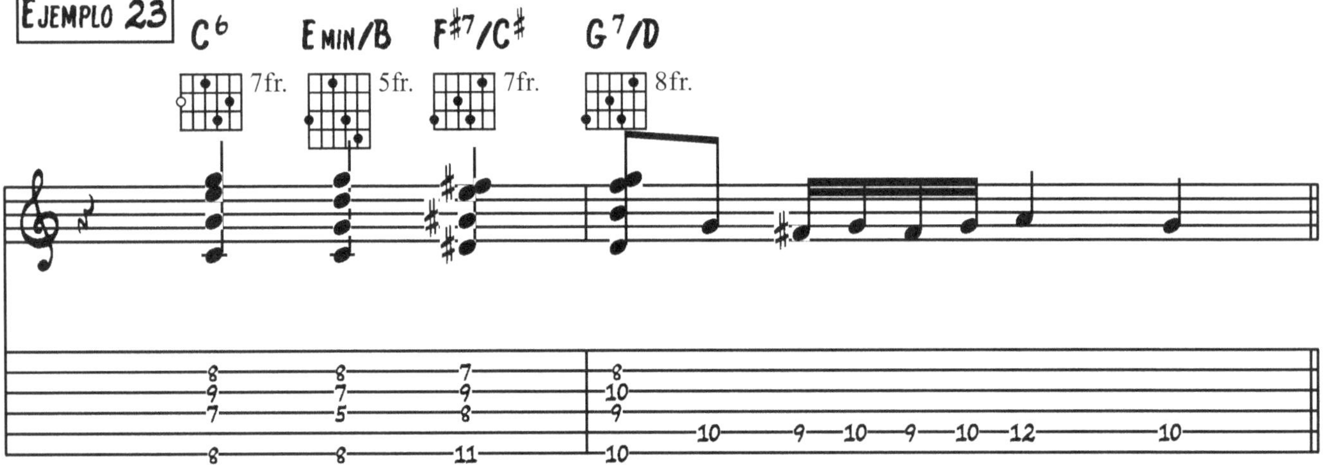

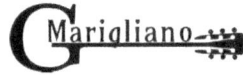

Capitulo 3

Sustituciones

Las sustituciones armónicas son un recurso muy útil y es una tecnica importante, que al desarrollarla en la guitarra, nos aportara un recurso fuerte para construir nuestros propios acompañamientos. Debo destacar, que este método de sustituir acordes en la guitarra, no es exclusivo de la música de tango; Se pueden encontrar patrones similares en jazz, pop y otras músicas folclóricas. El único aspecto diferente en el estilo de Tango, es el ritmo y la forma en la que organice los sustitutos para que suenen dentro del estilo.

Por lo tanto, tenemos tres familias de acordes importantes que encontraremos en toda composicion:
Acordes mayores, menores y dominantes 7, y esos son los acordes que aprenderemos.

Ejemplo 24   Sustitución de Acordes Mayores, Tonica en 6ta y 5ta cuerda

Ejemplo 25   Sustitución de Acordes Menores, Tonica en 6ta y 5ta cuerda

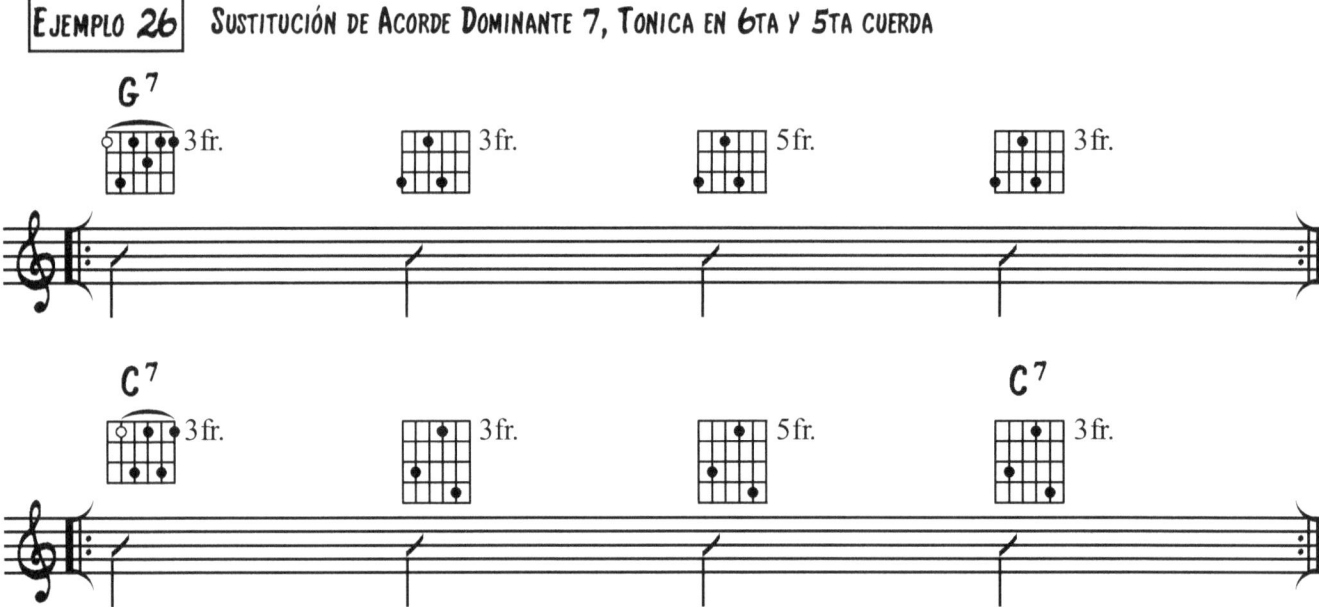

En los siguientes ejemplos, aplicaremos estas sustituciones sobre dos progresiones y secuencia de acordes, muy usadas en composiciones de tango. Un ejemplo en modo mayor y el otro en modo menor.

Debemos apred_nder que, como se muestra en los ejemplos, no necesitamos usar la secuencia de sustitución de un acorde toda completa como lo vimos en los ejemplos anteriores. Podemos usar solo una parte, y esto dependera de el patron ritminco que usemos.

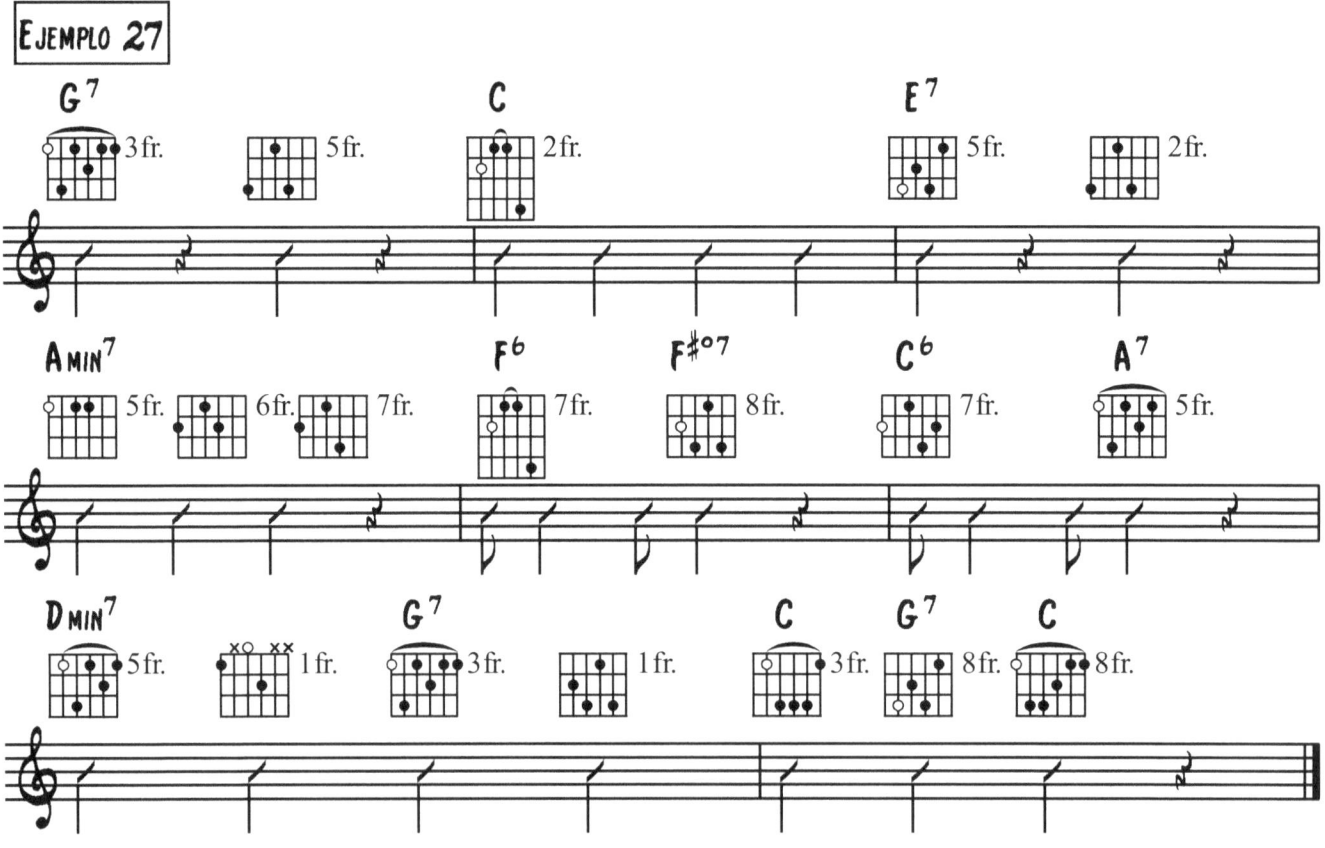

EJEMPLO 28

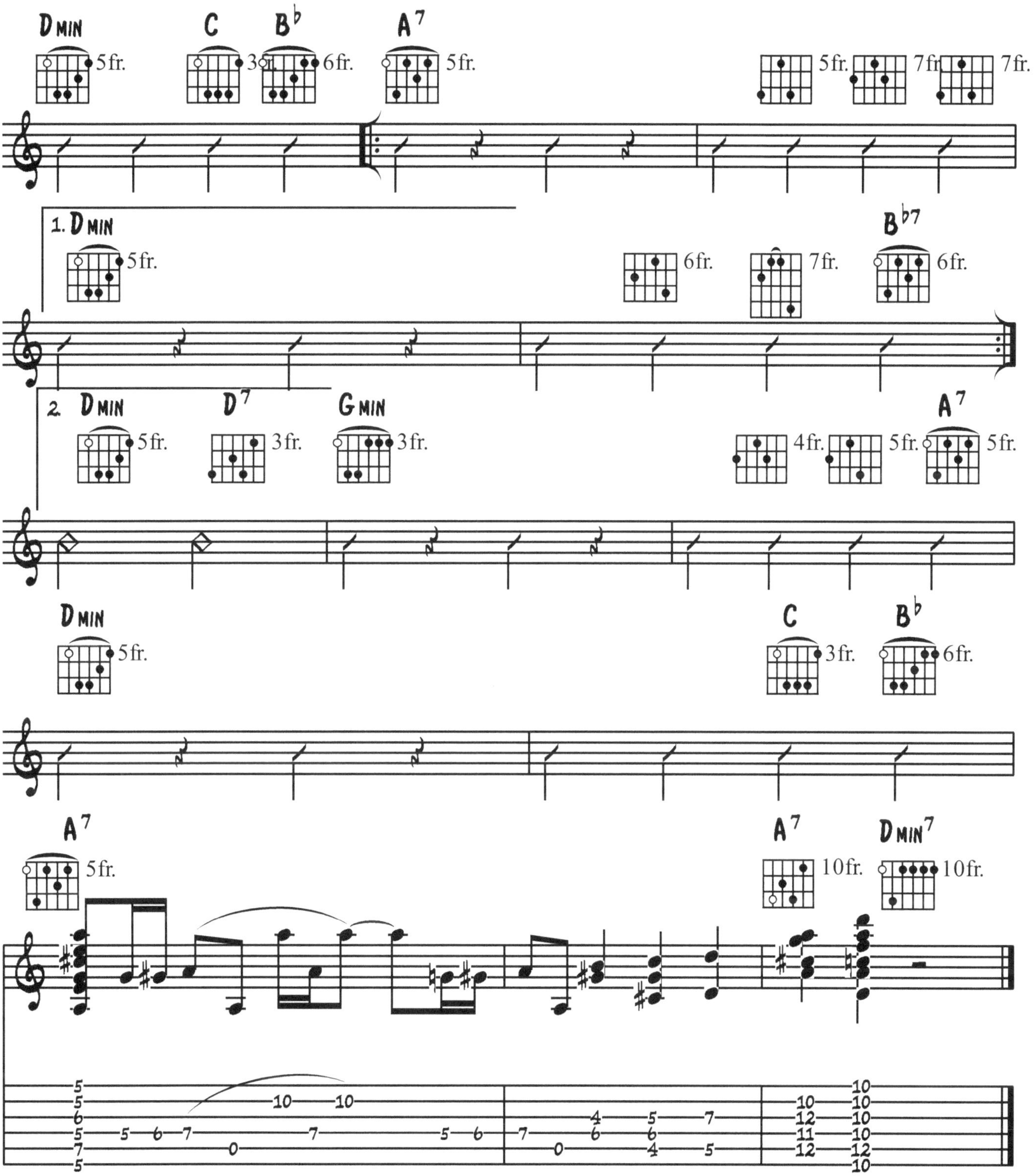
DMIN
5fr.
C
3fr.
B♭
6fr.
A7
5fr.
5fr.
7fr.
7fr.
1. DMIN
5fr.
6fr.
7fr.
B♭7
6fr.
2. DMIN
5fr.
D7
3fr.
GMIN
3fr.
4fr.
5fr.
A7
5fr.
DMIN
5fr.
C
3fr.
B♭
6fr.
A7
5fr.
A7
10fr.
DMIN7
10fr.

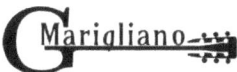

Capítulo 4

Línea de Bajo / Walking

Luego del capítulo de estudio de sustituciones, otra técnica que debemos incorporar es el **Walking Bass**.

Mientras que el **Walking Bass** en el **Jazz** utiliza notas más cromáticas para moverse de una tónica hacia otra, en el **Tango**, vamos a usar sustituciones y algo llamado "adornos" en la línea de bajo para vincular nuestra progresión de acordes.

El **Walking Bass** se suele utilizar cuando tenemos dos acordes en cada compás.

La línea de bajo la tocaremos con el pulgar de nuestra mano derecha, y con el resto de nuestros dedos, tocaremos de a dos o tres notas en bloque para hacer sonar el acorde creando un contrapunto rítmico.

En este punto, usamos las variaciones de ritmo que también aprendimos en capítulos anteriores mientras aprendemos e incorporamos los nuevos.

Ejemplo 29

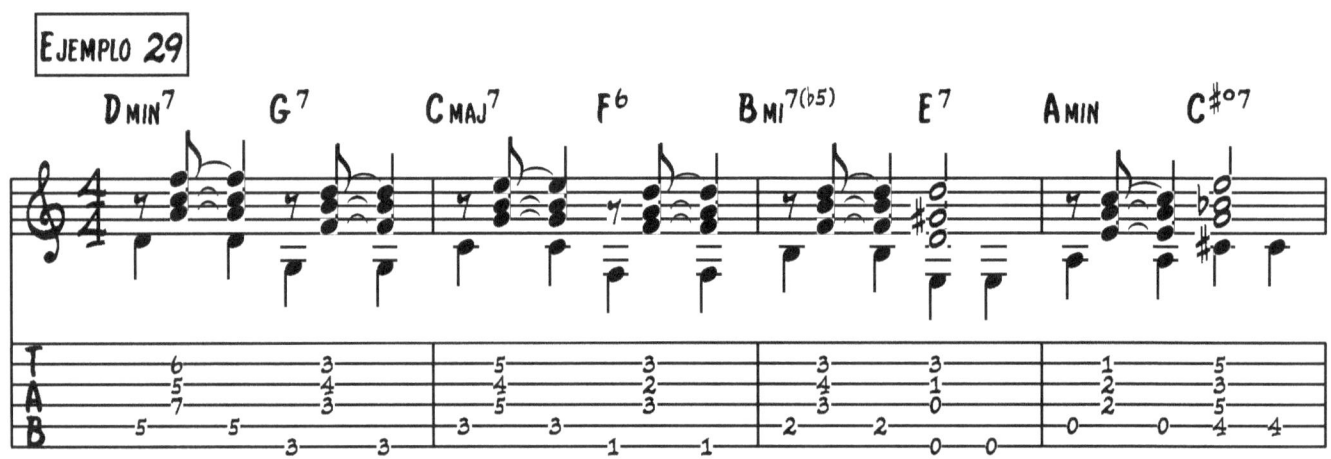

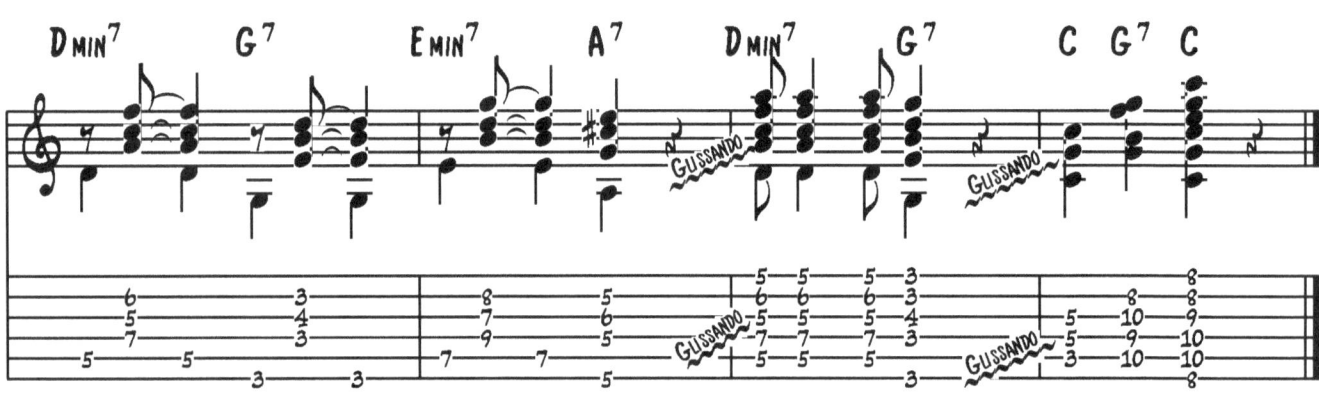

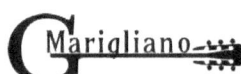

Amin7
A7
Dmin7
%
Guss.
Gussando

Amin7
Bmi7(b5)
E7
Amin7
E7
Amin
Guss.
Gussando

Ejemplo 32

A6
E7
A6

A6
A7
D
Bmin7
E7
A
E7
A
A6

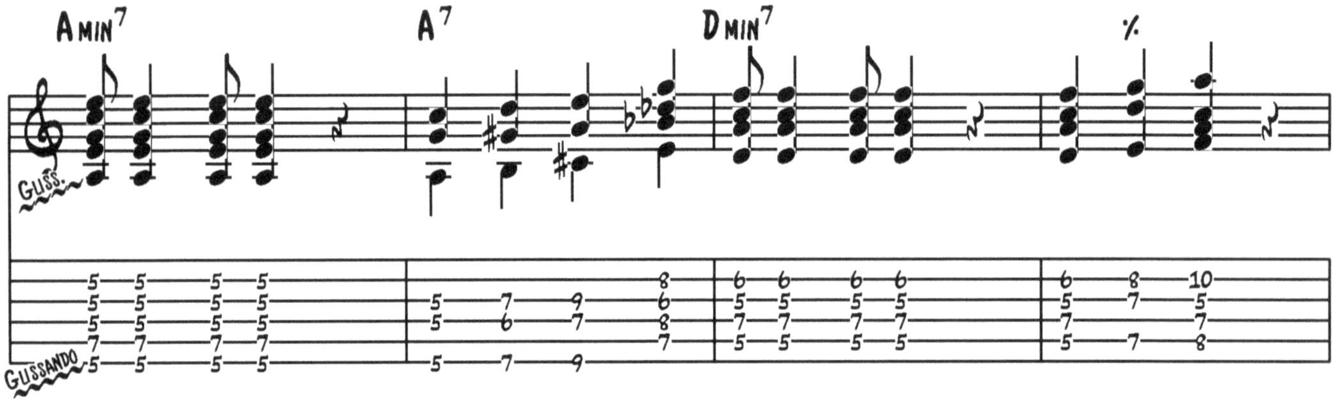

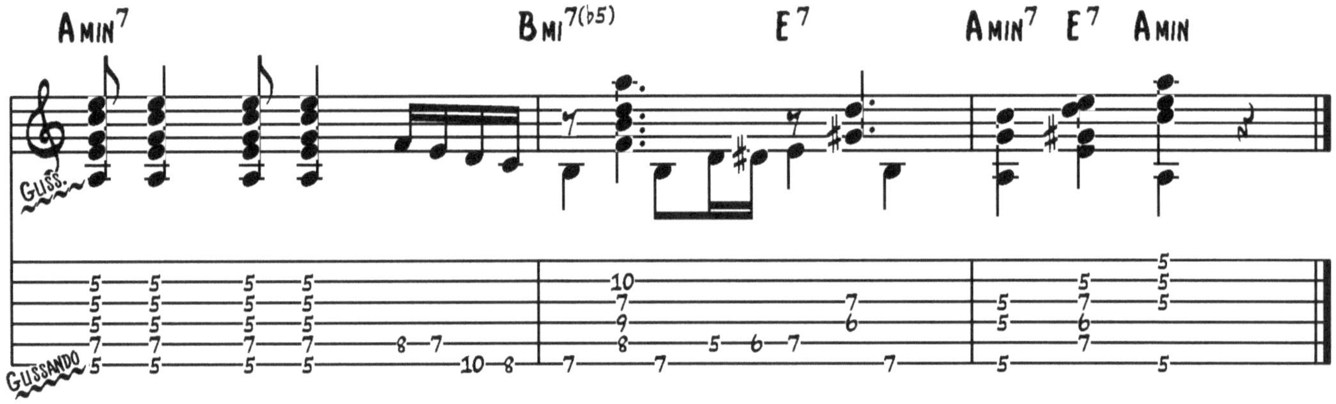

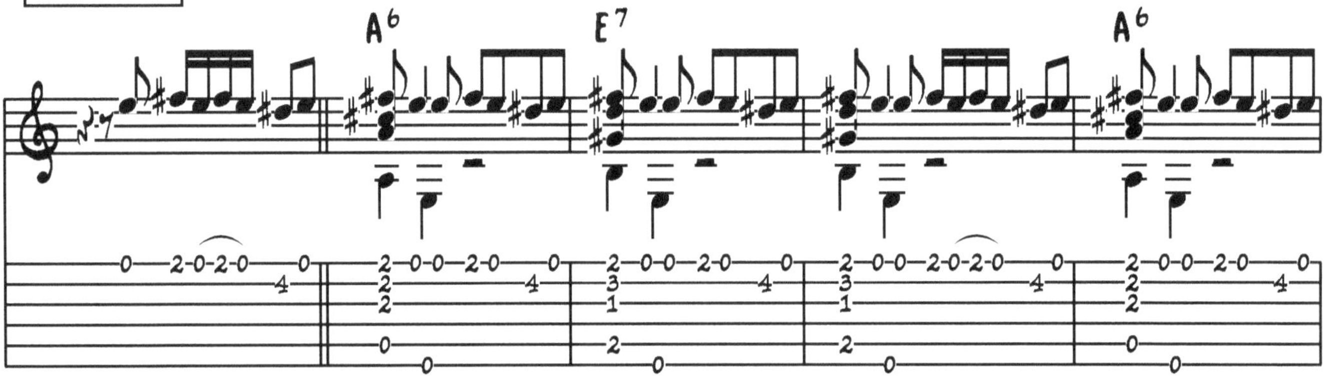

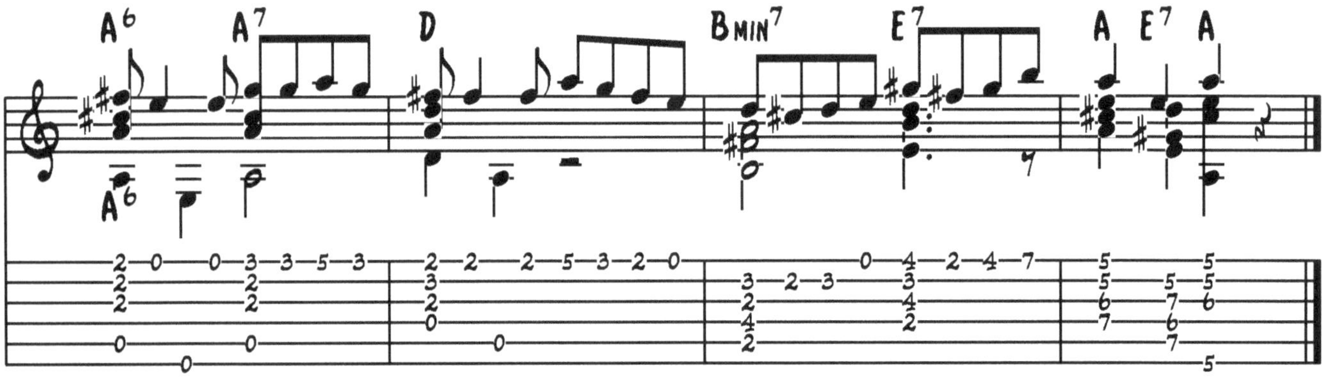

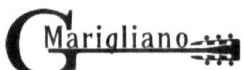

Capítulo 5
Profundizando en el Tango

A medida que avancemos en este estilo, descubriremos que, como todos los estilos musicales, requiere de trabajo constante, y un largo camino si queremos lograr y desarrollar una buena manera de acompañar esta música. Deberemos aprender no solo diferentes progresiones, ritmos y sustituciones de acordes, sino también canciones completas que estarán más allá del alcance de este libro.

En este capítulo final, veremos algunas progresiones más de Tango, reuniendo todo lo que hemos aprendido hasta ahora. Repasaremos frases melódicas de acordes que podemos usar como introducciones, finales, líneas melódicas que podemos usar para conectar diferentes acordes, así como algunas secciones de canciones de tango tradicionales.

Ejemplo 33

Acompañamiento de Tango estilo bandoneon, basado en la composición de Anibal Troilo "Te Llaman Malevo".

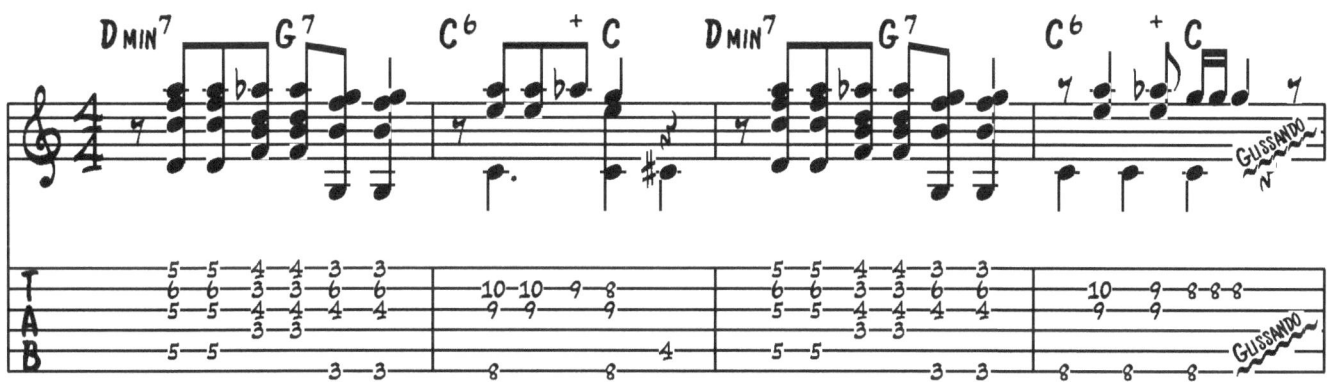

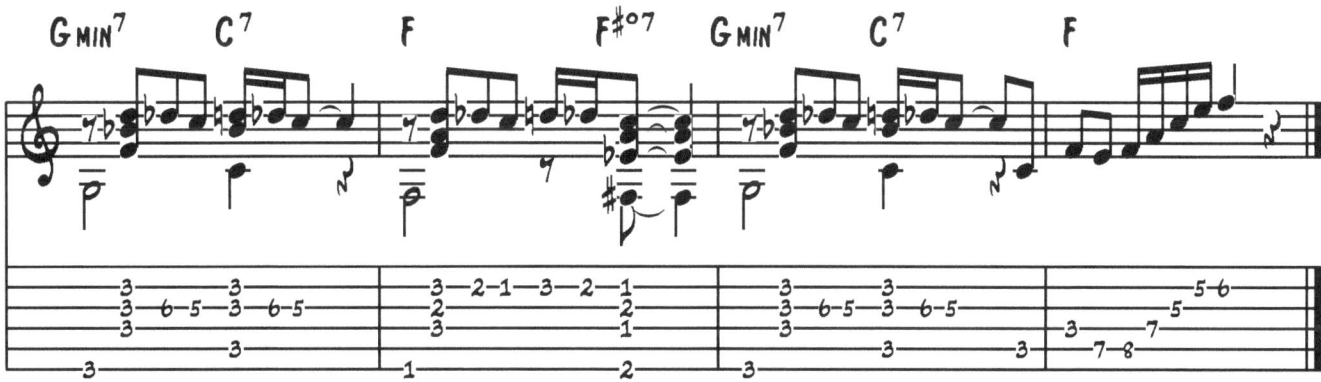

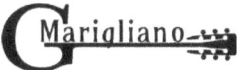

EJEMPLO 34

TECNICA DE WALKING BASS QUE SE PUEDE USAR SOBRE LA PROGRESION DE ACORDES EN EL VERSO DEL TANGO "MARIPOSITA"

EJEMPLO 35 "PESANTE" "SINCOPA" Y "MARCATO", TECNICAS PARA UTILIZAR SOBRE LA PROGRESION DEL TANGO "MALENA"

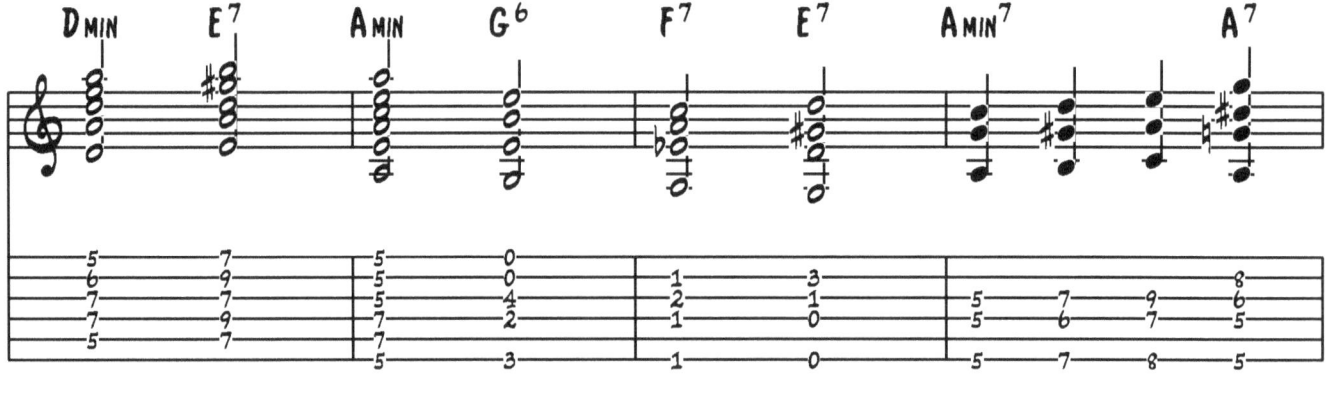

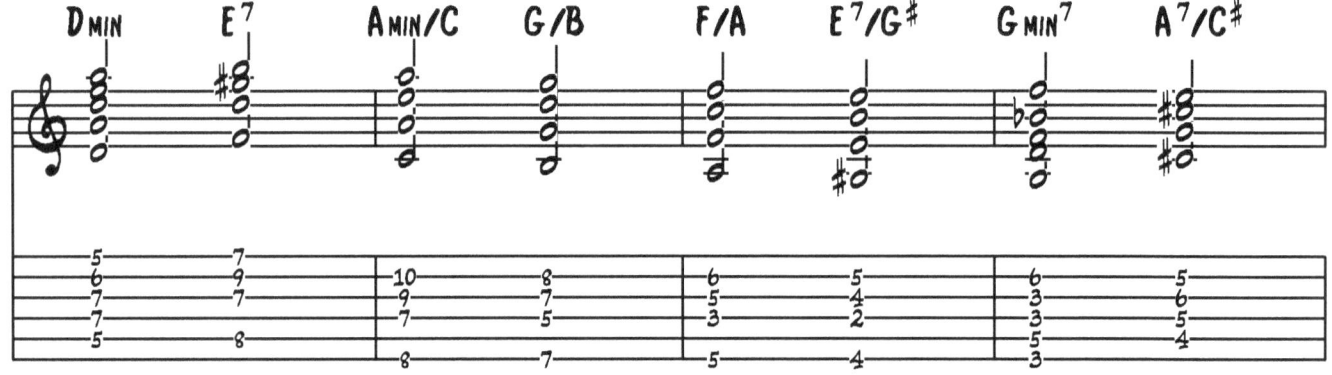

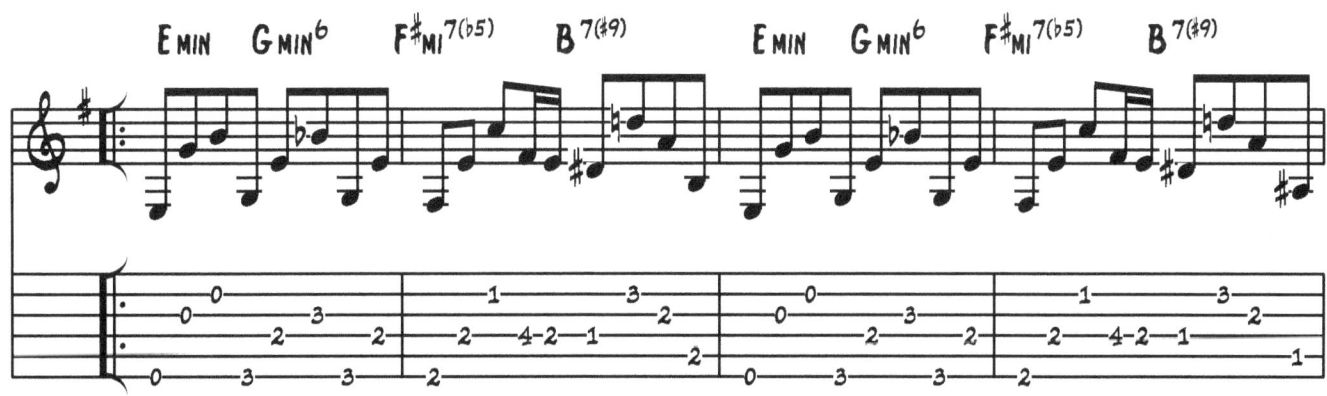

EJEMPLO 36 3+3+2 CLAVE, ESTILO ASTOR PIAZZOLLA

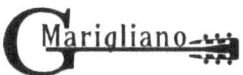

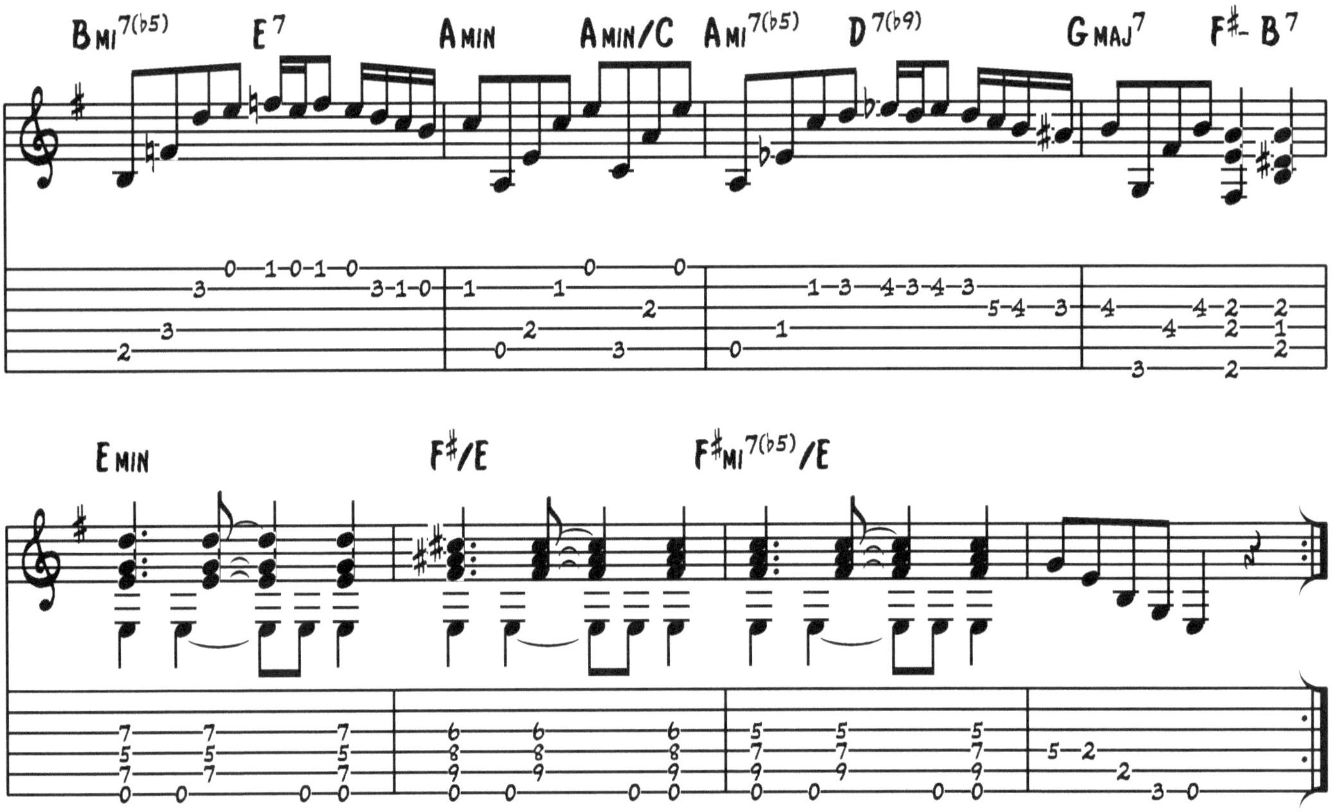

B mi⁷⁽ᵇ⁵⁾   E⁷   A min   A min/C   A mi⁷⁽ᵇ⁵⁾   D⁷⁽ᵇ⁹⁾   G maj⁷   F# – B⁷

E min   F#/E   F# mi⁷⁽ᵇ⁵⁾/E

Ejemplo 37   Estilo Piazzolla

A min⁷   A min⁷⁽#⁵⁾   A min⁷   A min⁷⁽#⁵⁾   E⁷   E⁷⁽ᵇ⁹⁾

1.

E⁷   E⁷⁽ᵇ⁹⁾   E⁷   E⁷⁽ᵇ⁹⁾   E⁷   A min E⁷ A min

2.

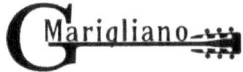

ALGO MUY IMPORTANTE ES ESCUCHAR Y APRENDER DE LAS GRABACIONES DE CARLOS GARDEL, DE VERDAD ES SUMAMENTE BENEFICIOSO. LAS GUITARRAS QUE ACOMPAÑABAN A GARDEL EN LAS GRABACIONES SON PURO TANGO. EN ESTA TRANSCRIPCIÓN, PODRÁS SEGUIR EL ARREGLO DE GRABACIÓN ORIGINAL DE 1933 DEL TEMA "MELODÍA DE ARRABAL".

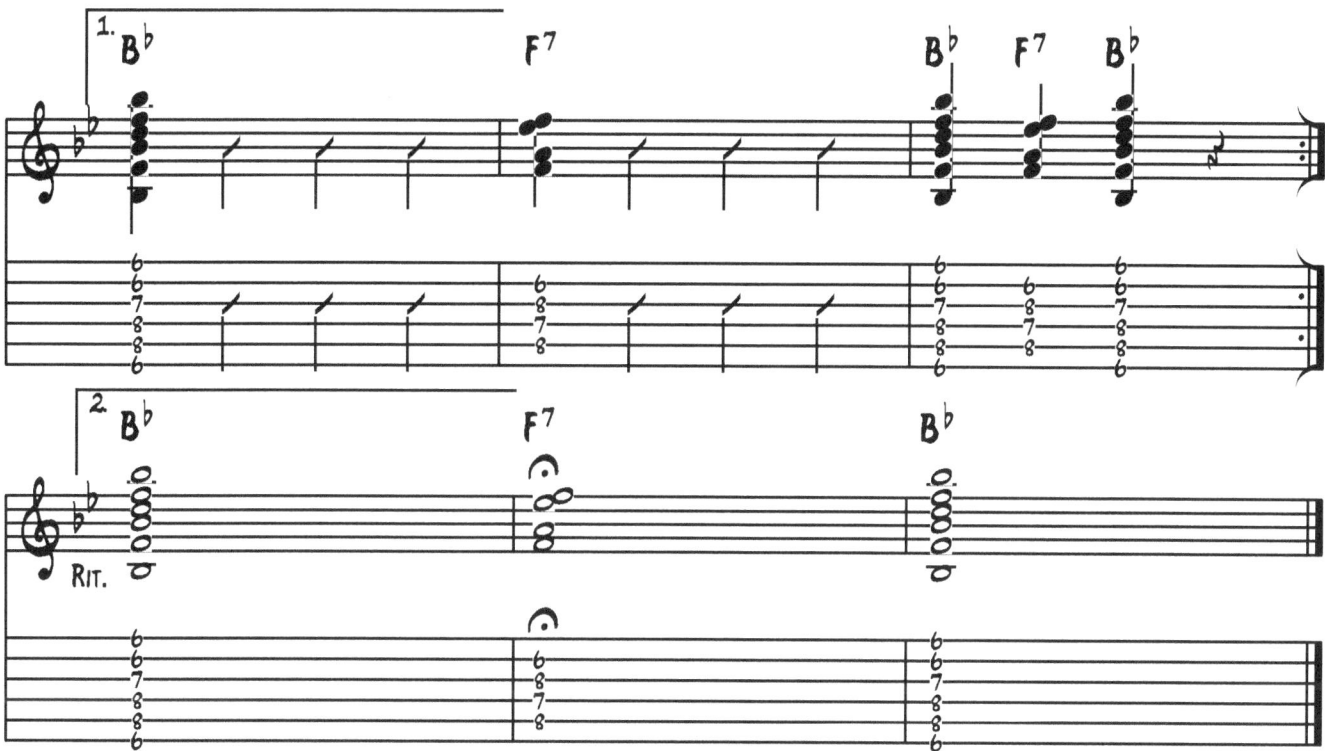

FINALE:

UNA CARACTERÍSTICA DISTINTIVA DEL TANGO ES EL SONIDO CLÁSICO AL FINAL DE LA CANCIÓN, QUE SUELE SER INTERPRETADO POR TODOS LOS INSTRUMENTOS. YA SEA QUE LA COMPOSICIÓN TERMINE EN UN ACORDE MAYOR O MENOR, LA LÍNEA QUE PRECEDE AL ACORDE FINAL COMIENZA EN LA TÓNICA DEL QUINTO GRADO Y ES UNA LÍNEA CROMÁTICA HASTA LA TÓNICA DE LA TONALIDAD.

VAMOS A APRENDER LOS CLÁSICOS FINALES Y ALGUNAS VARIACIONES.

EJEMPLO 39

www.ingramcontent.com/pod-product-compliance
Lightning Source LLC
Chambersburg PA
CBHW041647120626
46551CB00016B/2335